TAPA
ET BOUCHÉES

Élisa Vergne

Photos
Patrick Bourdet

HACHETTE

table des matières

4 Introduction
4 Un principe simple
4 Quantités à prévoir
4 Une intégration réussie
5 Apéritif et repas
6 Quelques suggestions express
6 Complément important : le pain
7 Le matériel pour servir
9 Les boissons
9 Pain maison
9 Amandes grillées salées

10 Tapas et bouchées aux légumes
10 Pain de campagne à la tapenade
10 Bouchées de courgettes à la tapenade
12 Croûtes à la compote d'oignons
12 Madeleines provençales
14 Crostini d'été
16 Cerisettes à l'aïoli
16 Tortillas à la crème d'avocat
18 Concombre au piment
18 Pain bûcheron à la crème d'aubergine
20 Poivrons marinés
20 Tomates cerises farcies à la feta

22 Tapas et bouchées au poisson
22 Blinis à la crème d'œufs de cabillaud
22 Triangles à la crème de maquereau fumé
24 Campagnettes aux deux saumons
24 Crostini aux anchois
26 Blinis maison garnis
28 Bouchées au crabe
28 Toasts Zourab
30 Moules en salade
30 Tartines du Grand Nord
32 Beignets de morue
34 Maquereaux à la scandinave
34 Anchois aux poivrons rouges

36 Tapas et bouchées à la viande
36 Empanadillas à la dinde
36 Bouchées au chorizo grillé
38 Bouchées de dinde sauce rouge
38 Samosa à l'agneau
40 Keftedakia d'Alice
40 Pavés au foie gras
42 Ficelle à l'italienne
42 Albondigas

44 Banderillas
44 Assortiment de banderillas colorées

46 Tapas et bouchées au fromage
46 Dômes auvergnats
46 Fourmettes aux pruneaux
48 Plaisir normand
48 Fourmettes aux noix
48 Chevrettes au thym
50 Tartines rustiques au yaourt
50 Campagnettes aux herbes
52 Minigalettes au fromage aux noix
52 Bouchées des polders
54 Petites crêpes fourrées
54 Madeleines au parmesan
56 Pirojki au fromage
58 Trigona au fromage
58 Sablés aux deux fromages

60 Tapas et bouchées aux fruits
60 Tartines de Collioure
60 Figues sèches farcies
60 Bouchées au kiwi

62 Table des recettes

Pour le moment de choix qu'est l'heure de l'apéritif, où les amis aiment à se réunir autour d'un verre pour se détendre et échanger les derniers potins, quel pays n'a pas établi son rituel dans lequel s'insère une multitude de « petites choses », issues des ressources du lieu, que l'on mange sans façon, destinées à mettre en valeur la boisson préférée de chacun ?

Un principe simple

Qui dit boisson peu ou prou alcoolisée dit complément solide, c'est un principe simple mais nécessaire.

Les *zakouski* russes ne peuvent qu'accompagner la vodka. Sans eux, impossible de faire cul sec à chaque toast porté…

Les non moins célèbres *tapas* espagnoles, promues au siècle dernier, en Andalousie, au rang d'accompagnateur de xérès, doivent simplement leur nom au mot « couvercle » *(tapa)* : les verres étaient couverts d'une soucoupe pour éviter que les mouches n'aient la primeur ; autant mettre quelque chose dans ce couvercle improvisé ! Et l'habitude fut vite prise de servir de multiples amuse-bouche chauds ou froids dans la plupart des bars espagnols, à la grande satisfaction des autochtones et des touristes.

Le Bassin méditerranéen a toujours proposé une abondance de *mezze*, ces assortiments d'olives, de pistaches, de petits pâtés au fromage, de dés de feta marinée, de purées à tartiner sur de petits croûtons, tandis qu'en Scandinavie, les tartines, les harengs accommodés de mille façons, entre autres, servis avec l'aquavit sont rapidement devenus le point de mire de buffets réputés.

Beaucoup plus loin, aux Antilles par exemple, acras, crevettes et divers *souskaï* se marient fièrement avec les savoureux cocktails au rhum.

Une intégration réussie

Quoi qu'il en soit, la tendance s'est inversée : pris un beau jour de la frénésie des voyages, *tapas, banderillas* (mini-brochettes), *mezze, zakouski* et autres délices des quatre coins du monde sont partis avec les voyageurs pour aller s'implanter « ailleurs », se mélangeant en un combat délicieux tant pour séduire nos palais que pour nous procurer le sentiment d'une évasion ou raviver le souvenir de joyeuses vacances, le temps d'un instant gourmand.

Les *crostini,* les *bruschette* d'Italie, les célèbres tartines

QUANTITÉS À PRÉVOIR

Rien n'est plus difficile à évaluer que les quantités à préparer : le nombre de personnes, la gourmandise, la faim sont parmi les premiers facteurs à considérer, mais si l'apéritif se transforme en dîner, les choses se compliquent.

Pour un simple apéritif

Faites la comparaison avec la quantité de petits gâteaux salés et de canapés que vous servez habituellement.

Pour un apéritif dînatoire

Voyez environ deux fois et demie plus grand.

Pour un dîner informel

Comptez environ 20 bouchées par personne, si vous ne prévoyez pas en plus de présenter un plateau de fromages et de servir un dessert. Comptez chaque tartine de petit format et chaque madeleine pour 2 bouchées, et les grandes tartines pour 4 bouchées. N'oubliez pas non plus que plus la soirée est longue, plus on a tendance à grignoter.

Pour que votre apéritif soit réussi, misez avant tout sur les produits de saison : légumes aux formes et aux saveurs multiples, aromates divers, fruits mûrs et juteux.

de Scandinavie ont suivi, soutenus dans leur conquête par les nutritionnistes et les diététiciens qui souhaitent réhabiliter le pain dans l'alimentation quotidienne. Ils rivalisent avec les modestes et rustiques tartines grillées traditionnelles de la Provence et du Bassin méditerranéen dans son entier. Arrosées d'huile d'olive, souvent frottées d'ail ou d'oignon, plus ou moins garnies de tapenade verte ou noire, de purée d'aubergines, de tarama ou de poutargue, au gré de l'approvisionnement, n'ont-elles pas fait les délices des contemporains de Pagnol et de Marius ?

Apéritif et repas

Mais ces savoureuses bouchées et ces tartines variées ne font pas que grignoter la place des petits gâteaux salés consacrés à l'apéritif. Elles peuvent très bien, pour faire durer le plaisir, transformer un simple « verre » en apéritif dînatoire ou encore s'installer en maître sur un buffet,

QUELQUES SUGGESTIONS EXPRESS

- Faites griller de petites saucisses cocktail, fendez-les et introduisez un soupçon de moutarde avant d'y insérer une lamelle de fromage ; embrochez-les sur des bâtonnets de bois.
- Déposez des lamelles de foie gras sur des mini-toasts et surmontez-les d'un demi-grain de raisin frais.
- Utilisez les mini-légumes pour préparer des salades réparties dans des coupelles ou des ramequins, ou embrochez-les et faites-les griller.
- Salez vous-même et faites griller amandes et noisettes (voir encadré, page 9).
- Faites frire des rondelles ou des carrés de calamars, des éperlans, des anchois et des crevettes décortiquées. Présentez-les avec des quartiers de citron.
- Faites ouvrir des moules de bonne taille, sortez-les des coquilles et laissez-les mariner dans une sauce composée d'ail et d'oignon revenus, du vin blanc, de l'huile d'olive, du jus de citron et du persil.
- Farcissez de grosses moules d'Espagne et présentez-les dans une seule coquille.
- Confectionnez une *tortilla* (omelette plate et épaisse) à l'oignon et aux pommes de terre et présentez-la froide coupée en cubes.
- Préparez des *patatas bravas*, pommes de terre frites enrobées d'une sauce tomate piquante aux piments rouges, à l'oignon, à l'ail, au persil et au vin blanc.
- Faites doucement griller des rondelles d'andouille de Vire et présentez-les sur des petites tranches de pain de campagne grillées toutes chaudes.
- Présentez des lamelles de chester sur des tranches de pain de seigle grillées. Vous pouvez prévoir des assortiments de petites tranches de fromages à condition que ceux-ci se tiennent : cantal, mimolette, gouda au cumin, brin d'amour ou brebis aux herbes du maquis corse, brebis des Pyrénées, *queso manchego* (brebis de la Manche, en Espagne), tête-de-moine, appenzell, etc.
- Recoupez des tranches très fines de jambon cru et roulez-les sur elles-mêmes ou autour d'un morceau de cornichon. Roulez également de la coppa corse, du très bon salami ou de la viande des Grisons.

composer des plateaux-télé, ou se substituer avec bonheur et originalité à un menu sans façon destiné aux amis et copains… dont le nombre peut varier sans occasionner trop de souci.

Complément important : le pain

La plupart des boulangers offrent un grand choix de pains : ficelles, baguettes de campagne et baguettes aux céréales vous permettront de faire de petites rondelles que vous taillerez à votre convenance. Les pain aux céréales, pain de seigle, pain aux noix, pain aux raisins, pain complet, pain au son, pain aux oignons, pain au maïs, pain au lard, pain au soja, pain aux graines de sésame, ou de pavot, etc. d'environ 350 g, d'un format pratique, peuvent être demandés tranchés – option qui permet d'avoir des tranches d'épaisseur régulière et d'éviter un travail un peu fastidieux surtout si le pain est frais. Les pains de mie peuvent offrir des tranches carrées plus ou moins grandes – que vous pourrez recouper en diagonale ou en triangles –, des mini-tranches carrées ou encore des tranches rondes. Le pain bûcheron est une des nouvelles spécialités aux céréales présenté en boule.
De la qualité du pain dépend la qualité du mets : n'hésitez pas à tester…

On trouve aujourd'hui une grande diversité de pains, en boulangerie comme en grandes surfaces : pains complets, pains aux céréales, pains bûcherons, pains au levain... Ils sont parfaits pour des petits toasts originaux.

Grillé, sous le gril du four, sur une plaque ou dans un grille-pain, ou encore rôti au four, le pain gagne en saveur et en parfum ; il est aussi plus facile à tartiner.

Vous pouvez faire votre pain vous-même, l'aromatiser à votre convenance (par exemple 125 g de noix ou 125 g d'olives noires dénoyautées pour 500 g de farine) et lui donner la forme qui sied le mieux : celle d'une ou deux longues miches façonnées directement sur la tôle ou une forme carrée en moulant la pâte dans un moule à cake par exemple.

Le matériel pour servir

Présentez les bouchées selon leur genre sur des plateaux, dans des coupelles, des raviers ou des assiettes dont le style rappelle un peu l'origine du mets ou, à défaut, des plats neutres. Ornez de brins de thym ou de romarin, de tomates cerises en branche, de brins de cerfeuil ou d'estragon ou de persil. Ne mélangez pas les genres sur un même plat : poissons, viandes et légumes ne doivent pas mêler leurs parfums. Qu'elles soient réservées à l'apéritif ou qu'elles constituent un repas entier « sur le pouce »,

Si vous optez pour des assiettes en carton et des serviettes en papier, prévoyez-en trois ou quatre par personne. Si vous êtes nombreux, prévoyez des marques pour les verres véritables.

par définition, ces bouchées ne devraient faire… qu'une bouchée ! Les doigts sont certes une pince naturelle très pratique, mais si certaines préparations sont servies chaudes, ou en sauce, prévoyez éventuellement des petites assiettes, ce qui permettra à chacun de se composer un assortiment. Des bâtonnets de bois en quantité illimitée, de jolies fourchettes à deux dents ou carrément les fourchettes à escargots de la ménagère seront appréciés. N'oubliez jamais les serviettes – qu'elles soient en papier (à la fois jolies et en quantité) ou petites et en tissu (que l'on nommait autrefois serviettes à thé).

Pour les tartines, un peu plus grandes, il n'y a guère d'autre problème. La petite assiette suffit pour y déposer la tartine entre les bouchées. Le pain grillé fait des miettes, certes, mais il ne s'effondre pas comme le pain frais un peu mou qui risquerait d'être détrempé par la garniture. Vous pouvez aussi recouper les tartines terminées en petits carrés pour en rendre la dégustation plus aisée.

Les boissons

Faut-il réellement parler des boissons ? Pour un apéritif, l'idéal serait de les assortir aux bouchées proposées, mais toutes celles que vous choisissez de confectionner ne proviennent pas forcément de la même région ou du même pays. Intervient en plus, puissamment, le goût de chacun. Pour un apéritif dînatoire ou un repas simplifié, un choix de vins s'impose. Proposez vin blanc et vin rouge : chacun saura se servir selon ses préférences. N'oubliez ni l'eau – plate ou gazeuse – ni les jus de fruits et les sodas qui feront eux aussi le bonheur de certains.

PAIN MAISON

1. Faites fondre 1 cuillerée à soupe de sucre dans 4 cuillerées à soupe d'eau tiède dans une grande terrine passée sous l'eau chaude. Émiettez-y 1 cube de levure fraîche de boulanger (42 g) et remuez pour la délayer. Poudrez avec 1 à 2 cuillerées à soupe de farine, couvrez d'un linge et laissez 20 mn dans un endroit tiède, jusqu'à ce que le mélange mousse et gonfle.

2. Ajoutez 1 cuillerée à soupe de sel, 750 g de farine complète et 250 g de farine ordinaire dans la terrine. Mélangez tout en ajoutant peu à peu environ 50 cl d'eau tiède, jusqu'à ce que la pâte soit homogène. Pétrissez pendant 10 mn. Roulez la pâte en boule, farinez-la, mettez-la dans la terrine, couvrez avec le linge et laissez lever dans un endroit tiède pendant environ 2 h : la pâte doit doubler de volume.

3. Pétrissez à nouveau la pâte pendant 3 à 4 mn. Séparez-la en deux portions égales. Déposez-les dans deux moules à cake huilés ou roulez-les en forme de boudins, pas trop larges car ils vont gonfler pendant la cuisson, et posez-les sur une plaque à pâtisserie huilée. Farinez le dessus des pains et faites quelques entailles parallèles en biais. Laissez gonfler à nouveau pendant 30 mn.

4. Aspergez les pains d'un peu d'eau. Mettez-les dans le four préchauffé à 250 °C (th. 9), et déposez à côté un petit récipient contenant de l'eau pour humidifier l'atmosphère du four. Laissez cuire 45 mn.

5. Lorsque les pains sont cuits, retournez-les et frappez le dessous avec l'index replié : ils doivent rendre un son creux. Laissez-les refroidir à l'envers sur une grille.

♦ Ces pains se conservent plusieurs jours et se coupent plus facilement lorsqu'ils sont un peu rassis.

AMANDES GRILLÉES SALÉES

1. Mettez 200 g d'amandes non pelées dans une jatte. Couvrez-les d'eau tiède, ajoutez 1 cuillerée à soupe de sel et mélangez.

2. Laissez tremper les amandes pendant 15 mn, en les remuant de temps à autre avec la main.

3. Égouttez les amandes et étalez-les sur la lèchefrite du four, sur une seule couche. Glissez la lèchefrite à 10 cm de la rampe du gril et laissez griller pendant environ 5 mn, en retournant les amandes une ou deux fois. Retirez-les dès qu'elles sont brunes, sans les laisser brûler.

4. Laissez refroidir les amandes, puis rangez-les dans un récipient hermétique.

PAIN DE CAMPAGNE À LA TAPENADE

provençal

Pour 30 tartines
Préparation : 15 mn

- *4 ou 8 tranches de pain de campagne*
- *125 g d'olives vertes*
- *125 g d'olives noires*
- *7 filets d'anchois à l'huile*
- *2 cuil. à soupe de câpres*
- *2 gousses d'ail*
- *2 cuil. à soupe de jus de citron*
- *20 cl d'huile d'olive*

Pour décorer :
- *2 œufs durs*

1. Dénoyautez les olives. Épluchez l'ail, coupez les gousses en deux et retirez le germe central. Hachez grossièrement les gousses. Hachez les filets d'anchois au couteau.

2. Mettez les olives vertes dans le bol du robot avec l'ail, le jus de citron et les câpres. Faites fonctionner l'appareil pour réduire les olives en purée. Ajoutez les olives noires et les filets d'anchois. Faites à nouveau fonctionner l'appareil pour obtenir une pâte.

3. Versez l'huile en mince filet dans le robot, tout en le faisant fonctionner jusqu'à ce que toute l'huile soit absorbée et que vous obteniez une préparation homogène comme une mayonnaise. Versez-la dans un bol et conservez-la au réfrigérateur.

4. Au moment de servir, faites griller les tranches de pain. Laissez-les tiédir, puis tartinez-les de tapenade, en couche un peu épaisse. Coupez ces tranches en deux ou en quatre selon leur grandeur et rangez-les sur un plateau. Écalez les œufs durs, hachez-les au couteau et déposez un peu de blanc et de jaune sur chaque tartine.

CONSEIL !

Vous pouvez garder la tapenade au réfrigérateur plusieurs jours dans un bocal fermé.

BOUCHÉES DE COURGETTES À LA TAPENADE

goûteux

Pour 24 bouchées
Préparation : 15 mn
Cuisson : 10 mn

- *2 courgettes longues et fines*
- *1 ruban de poivron rouge*
- *1 ruban de poivron vert*
- *5 à 6 cuil. à soupe de tapenade*
- *2 cuil. à soupe de jus de citron*
- *sel*

1. Lavez les courgettes et entaillez la peau tout autour avec un couteau canneleur pour faire des stries. Coupez-les en deux de haut en bas, ôtez les graines du centre, puis recoupez chaque demi-courgette en barquettes de 2 à 3 cm.

2. Faites bouillir une casserole d'eau, salez-la, jetez-y les courgettes et laissez-les cuire pendant 10 mn : elles doivent être encore un peu croquantes. Égouttez-les et plongez-les quelques minutes dans de l'eau glacée pour les raffermir et leur garder une belle couleur. Puis, égouttez-les à nouveau et posez-les sur un linge.

3. Coupez les rubans de poivrons en dés. Emplissez les bouchées d'un peu de tapenade et arrosez-les de quelques gouttes de jus de citron. Garnissez la moitié des bouchées d'un dé de poivron vert, l'autre moitié d'un dé de poivron rouge et disposez-les sur un plat.

Au premier plan : pain de campagne à la tapenade.
À l'arrière-plan : bouchées de courgettes à la tapenade.

CROÛTES À LA COMPOTE D'OIGNONS

salé-sucré

Pour 6 croûtes
Préparation : 10 mn
Cuisson : 30 mn

- *6 tranches de pain de campagne*
- *2 gros oignons doux*
- *4 grosses gousses d'ail*
- *1 cuil. à soupe d'huile d'olive*
- *1 cuil. à soupe de miel*
- *sel*

1. Préchauffez le four à 180 °C (th. 5-6). Huilez un petit plat.

2. Pelez l'ail, coupez les gousses en deux et retirez le germe. Épluchez les oignons et coupez-les en rondelles épaisses.

3. Mélangez l'huile et le miel. Ajoutez les oignons et l'ail et mélangez bien.

4. Versez cette préparation dans le plat, mettez au four et faites cuire 30 mn, en remuant une ou deux fois.

5. Laissez refroidir, puis passez la compote au mixeur. Salez. Laissez refroidir.

6. Quelques minutes avant de servir, faites griller le pain, puis tartinez-le de compote.

CONSEIL !

Vous pouvez préparer la compote à l'avance et la garder au réfrigérateur.

MADELEINES PROVENÇALES

madeleines salées !

Pour 24 madeleines
Préparation : 15 mn
Cuisson : 20 mn

- *200 g de farine*
- *16 olives noires*
- *1 poivron rouge en conserve*
- *1 œuf*
- *1 1/2 cuil. à café de levure alsacienne*
- *8 cuil. à soupe de lait*
- *3 cuil. à soupe d'huile d'olive*
- *2 cuil. à soupe de sucre*
- *sel, poivre du moulin*

Pour les moules à madeleines

- *20 g de beurre*

1. Préchauffez le four à 200 °C (th. 6-7). Faites fondre le beurre prévu pour les moules et beurrez-en 24 alvéoles à madeleines.

2. Coupez le poivron en petits dés. Dénoyautez les olives et hachez-les au couteau.

3. Mélangez dans une jatte la farine, le sucre, la levure et du sel. Donnez quelques tours de moulin à poivre. Cassez l'œuf dans un bol, battez-le à la fourchette pour le liquéfier, ajoutez le lait et l'huilc et mélangez. Versez le tout dans la jatte et mélangez pour obtenir une pâte homogène.

4. Ajoutez le poivron et les olives à la pâte. Mélangez bien. Répartissez cette pâte dans les alvéoles avec une cuillère à café en prenant bien soin de ne pas les emplir totalement.

5. Mettez les moules au four et laissez cuire les madeleines pendant 20 mn, jusqu'à ce qu'elles blondissent.

6. Laissez reposer les madeleines 5 mn, puis démoulez-les. Servez tiède.

CONSEIL !

Vous pouvez préparer ces madeleines à l'avance et les congeler. Faites-les décongeler et réchauffer pendant 10 mn au four à 150 °C (th. 4-5). Vous pouvez aussi les conserver 3 jours dans une boîte hermétique.

En haut : croûtes à la compote d'oignons.
En bas : madeleines provençales.

CROSTINI D'ÉTÉ

italien

Pour 8 *crostini*
Préparation : 20 mn
Cuisson : 25 mn

- *8 tranches de pain de campagne épaisses*
- *1 boule de mozzarella*
- *4 petites tomates*
- *1/2 aubergine*
- *1 oignon rouge*
- *3 gousses d'ail*
- *2 branches de basilic*
- *1 poivron rouge en conserve*
- *6 cuil. à soupe d'huile d'olive*
- *1/2 cuil. à soupe de vinaigre balsamique*
- *sel, poivre*

1. Préchauffez le four à 250 °C (th. 9-10). Versez 4 à 5 cuillerées à soupe d'huile d'olive dans une tasse et mettez-la au réfrigérateur. Rincez les tomates, éliminez l'eau et les pépins, hachez-les au couteau.

2. Coupez le poivron en petites lamelles. Pelez 2 gousses d'ail et coupez-les en lamelles. Épluchez et hachez l'oignon. Pelez la demi-aubergine et coupez-la en petits dés.

3. Faites chauffer 1 cuillerée à soupe d'huile d'olive dans une sauteuse. Faites-y fondre l'oignon et l'ail pendant 3 mn.

4. Ajoutez l'aubergine et faites-la cuire jusqu'à ce qu'elle soit presque tendre. Ajoutez les tomates et mélangez.

5. Arrosez les légumes avec le vinaigre. Salez et poivrez, mélangez et laissez cuire encore 5 mn jusqu'à ce qu'il n'y ait plus de liquide.

6. Faites griller les tranches de pain. Pelez la dernière gousse d'ail, coupez-la en deux et frottez le pain sur une face.

7. Hachez le basilic. Coupez la mozzarella en rondelles. À l'aide d'un couteau à beurre, tartinez le côté aillé des tranches de pain avec l'huile mise au réfrigérateur figée par le froid. Répartissez les légumes dessus, posez une rondelle de mozzarella sur chaque tartine et remettez 5 mn au four.

8. Poivrez légèrement la mozzarella, parsemez de basilic et servez sans attendre.

CONSEILS !

Si vous utilisez un poivron frais, faites-le d'abord griller pour pouvoir le peler.
Faites griller le pain dans le four chaud pendant 3 à 5 mn selon l'épaisseur des tranches, ou faites cette opération avec un grille-pain si cet appareil est conçu pour des tranches épaisses.

CERISETTES À L'AÏOLI

ensoleillé

Pour 25 cerisettes
Préparation : 25 mn
Cuisson : 15 mn

- *25 tomates cerises*
- *4 œufs*
- *2 belles gousses d'ail*
- *1 cuil. à soupe de ciboulette hachée*
- *6 cuil. à soupe de mayonnaise*
- *sel*

1. Mettez les œufs dans une casserole d'eau froide, portez à ébullition et laissez cuire 10 mn. Égouttez les œufs et rafraîchissez-les dans de l'eau froide, puis laissez-les refroidir.

2. Rincez les tomates. Retirez-en le pédoncule et creusez-les délicatement avec une petite cuillère. Salez l'intérieur des tomates et laissez-les en attente.

3. Pelez l'ail et passez-le au presse-ail. Incorporez-le à la mayonnaise ainsi que la ciboulette.

4. Écalez les œufs durs, coupez-les en morceaux, écrasez-les grossièrement avec une fourchette et mélangez-les à la mayonnaise à l'ail.

5. Égouttez les tomates cerises et emplissez-les avec la préparation précédente à l'aide d'une cuillère à moka. Laissez au frais jusqu'au moment de servir.

TORTILLAS À LA CRÈME D'AVOCAT

mexicain

Pour 50 tortillas environ
Préparation : 20 mn

- *1 paquet de tortillas chips*
- *2 avocats*
- *1 citron vert*
- *1 gousse d'ail*
- *tabasco*
- *sel*

1. Coupez les avocats en deux, retirez le noyau et pelez les demi-avocats. Coupez la chair en morceaux. Mettez-les dans le bol du robot.

2. Pressez le citron et arrosez-en les morceaux d'avocats. Salez, puis ajoutez quelques gouttes de tabasco. Pelez l'ail et passez-le au presse-ail au-dessus du bol du robot, puis faites fonctionner l'appareil.

3. Déposez 1 cuillerée à café de crème d'avocat sur chaque tortilla et rangez-les sur un plat.

CONSEILS !

Ne préparez pas la crème d'avocat à l'avance. Couvrez-la d'un film alimentaire pour l'empêcher de noircir. Les tortillas chips triangulaires sont vendues en paquets au rayon des gâteaux à apéritif. Choisissez-les au chili si vous êtes sûr du goût des personnes présentes ; sinon, prenez-les nature. Ces tortillas se brisent facilement, même dans leur emballage : prévoyez 2 paquets pour parer à toute éventualité.

En haut : cerisettes à l'aïoli.
En bas : tortillas à la crème d'avocat.

CONCOMBRE AU PIMENT

rafraîchissant

Pour 2 concombres
Préparation : 10 mn
Macération : 2 h
Marinade : 24 h

- *2 concombres*
- *2 gousses d'ail*
- *4 branches d'aneth*
- *1 piment oiseau séché*
- *2 cuil. à soupe de vinaigre de vin blanc*
- *3 cuil. à soupe d'huile d'olive*
- *1 cuil. à soupe de sucre*
- *1 cuil. à soupe de sel fin*

1. Pelez les concombres, coupez-les en croix, de haut en bas. Ôtez les graines qui se trouvent au milieu. Recoupez chaque morceau de concombre en portions de 2 cm d'épaisseur. Hachez l'aneth.

2. Mettez le concombre dans une passoire et poudrez largement de sel et de sucre. Ajoutez l'aneth haché, mélangez et laissez en attente pendant 2 h.

3. Déposez le concombre dans une terrine. Pelez l'ail, coupez-le en deux et retirez le germe central. Ajoutez-le au concombre ainsi que le piment entier. Arrosez avec le vinaigre et l'huile, et laissez mariner 24 h au moins. Au moment de servir, retirez le piment et l'ail.

PAIN BÛCHERON À LA CRÈME D'AUBERGINE

méditerranéen

Pour 16 à 20 tartines
Préparation : 15 mn
Cuisson : 25 à 30 mn
Réfrigération : 1 h

- *8 à 10 tranches de pain bûcheron*
- *2 aubergines*
- *1 grosse gousse d'ail*
- *1 ou 2 cuil. à café d'origan*
- *1 cuil. à soupe de vinaigre de vin*
- *6 cuil. à soupe d'huile d'olive*
- *2 pincées de sucre*
- *sel, poivre*

Pour décorer :
- *quelques feuilles jaunes de céleri très fraîches*
- *quelques olives noires*

1. Allumez le gril du four. Rincez les aubergines et essuyez-les, puis posez-les sur la lèchefrite du four le plus près possible de la rampe. Laissez-les cuire de 25 à 30 mn, en les retournant à mi-cuisson.

2. Lorsque la peau est noircie, déposez les aubergines sur une planche à découper. Retirez le pédoncule et la peau. Hachez la chair avec un couteau. Salez, versez dans une passoire et laissez égoutter pendant 15 mn environ.

3. Pelez l'ail, coupez-le en deux et retirez le germe. Versez la chair d'aubergine dans une jatte, ajoutez le sucre, le vinaigre et du poivre. Mélangez avec une fourchette. Passez l'ail au presse-ail au-dessus de la jatte. Arrosez doucement avec 4 cuillerées à soupe d'huile en battant avec la fourchette. Lorsque toute l'huile est bien incorporée, goûtez et rectifiez l'assaisonnement.

4. Mettez la jatte au réfrigérateur pendant au moins 1 h.

5. Au moment de servir, faites griller le pain. Hachez les feuilles de céleri avec des ciseaux. Coupez les olives noires en deux et dénoyautez-les. Aspergez le pain avec le reste de l'huile et parsemez d'origan. Tartinez de crème d'aubergine, coupez les tranches en deux ou en quatre et rangez-les sur un plateau. Surmontez-les de feuilles de céleri hachées et d'une demi-olive noire.

CONSEIL !

Choisissez des aubergines de taille moyenne, à la peau parfaitement lisse.

Au premier plan : pain bûcheron à la crème d'aubergine.
À l'arrière-plan : concombre au piment.

POIVRONS MARINÉS

rafraîchissant

Pour 6 poivrons
Préparation : 10 mn - Cuisson : 20 mn
Réfrigération : 24 h

- *2 poivrons rouges*
- *2 poivrons verts*
- *2 poivrons jaunes*
- *2 gousses d'ail*
- *2 branches de thym*
- *2 cuil. à soupe de vinaigre de xérès*
- *3 cuil. à soupe d'huile d'olive*
- *1 cuil. à café de sucre*
- *sel*

1. Lavez les poivrons, essuyez-les et faites-les griller 20 mn sous le gril du four, le plus près possible de la source de chaleur, en les tournant régulièrement. Laissez-les tiédir, puis pelez-les, retirez le pédoncule, les graines et les filaments blancs.

2. Taillez les poivrons en lanières de 3 cm de large. Mettez-les dans un récipient en les rangeant par couleur, poudrez-les de sucre et salez-les.

3. Pelez les gousses d'ail et passez-les au presse-ail. Mélangez l'ail, le thym émietté, le vinaigre et l'huile, arrosez les poivrons de ce mélange, couvrez et laissez mariner pendant au moins 24 h.

4. Pour servir, égouttez les poivrons, coupez-les en carrés de la taille d'une bouchée et rangez-les sur un ravier.

TOMATES CERISES FARCIES À LA FETA

recette grecque

Pour 40 bouchées
Marinade : 48 h au moins
Préparation : 15 mn
Macération : 1 h

- *20 tomates cerises*
- *20 olives noires*
- *100 g de feta*
- *1 gousse d'ail*
- *3 branches de thym*
- *1 feuille de laurier*
- *1 petit piment oiseau*
- *huile d'olive*
- *1 cuil. à soupe de sucre*
- *sel, poivre*

1. Coupez la feta en cubes d'environ 1 cm de côté. Mettez-les dans un petit bocal avec 2 branches de thym, le laurier, la gousse d'ail pelée et coupée en lamelles et le piment entier. Couvrez largement d'huile d'olive, fermez le bocal et laissez mariner au frais, dans un endroit sombre, pendant au moins 48 h.

2. Rincez les tomates cerises et coupez-les en deux, puis retirez les graines avec la pointe d'un couteau. Mettez-les dans une jatte avec 3 cuillerées à soupe d'huile d'olive, salez-les, poudrez-les de sucre et du reste du thym émietté, tournez-les délicatement dans ce mélange, puis laissez-les macérer pendant environ 1 h.

3. Coupez les olives en deux et dénoyautez-les. Égouttez la feta et les tomates. Mettez un dé de feta dans chaque demi-tomate, recouvrez la partie visible du fromage d'une demi-olive et piquez le tout avec un pique-olives.

En haut : poivrons marinés.
En bas : tomates cerises farcies à la feta.

BLINIS À LA CRÈME D'ŒUFS DE CABILLAUD

russe

Pour 16 blinis
Préparation et cuisson : 10 mn
Réfrigération : 2 h

- *16 mini-blinis tout prêts*
- *200 g d'œufs de cabillaud fumés*
- *100 g de chutes de saumon fumé*
- *1 ou 2 citrons*
- *2 tranches de pain de mie*
- *10 cl d'huile d'arachide*
- *2 cuil. à soupe d'huile d'olive*
- *2 cuil. à soupe de crème à 15 % de MG*
- *poivre*

1. Retirez la croûte du pain de mie. Mettez la mie dans un bol, ajoutez la crème et malaxez avec une fourchette.

2. Pressez les citrons. Retirez les œufs de cabillaud de leur poche avec une petite cuillère. Mettez-les dans le bol du robot. Ajoutez la mie de pain et 2 cuillerées à soupe de jus de citron. Faites fonctionner l'appareil pour mélanger les ingrédients, puis versez les deux huiles par petites quantités à la fois.

3. Lorsque la crème est épaisse et homogène, poivrez et goûtez, puis ajoutez autant de jus de citron que cela paraît nécessaire. Versez cette crème dans une jatte et laissez-la reposer au moins 2 h au réfrigérateur.

4. Un instant avant de servir, étalez les blinis sur une plaque à pâtisserie et faites-les chauffer quelques minutes à four doux.

5. Hachez grossièrement au couteau les chutes de saumon fumé et incorporez-les à la crème d'œufs de cabillaud.

6. Tartinez rapidement les blinis de crème aux œufs de cabillaud, posez-les sur un plat et servez.

TRIANGLES À LA CRÈME DE MAQUEREAU FUMÉ

nordique

Pour 16 portions
Préparation : 10 mn
Réfrigération : 3 h

- *8 grandes tranches de pain de mie carré*
- *400 g de filets de maquereau fumé au poivre*
- *75 g de beurre mou*
- *2 cuil. à soupe de jus de citron*
- *grains de poivre vert ou câpres*

1. Retirez la peau des filets de maquereau. Coupez la chair en morceaux, mettez-les dans le bol du robot avec le jus de citron et le beurre coupé en dés. Faites fonctionner l'appareil jusqu'à l'obtention d'une préparation homogène.

2. Versez la crème de maquereau dans une jatte et laissez-la 3 h au réfrigérateur.

3. Faites griller le pain de mie. Tartinez les tranches avec la crème de maquereau, coupez-les en deux en diagonale, déposez-les sur un plat, garnissez d'un grain de poivre vert ou d'une câpre et servez.

En haut : blinis à la crème d'œufs de cabillaud.
En bas : triangles à la crème de maquereau fumé.

CAMPAGNETTES AUX DEUX SAUMONS

scandinave

Pour 20 campagnettes environ
Préparation : 10 mn
Réfrigération : 2 h

- *1 baguette de campagne*
- *300 g de saumon en boîte au naturel*
- *150 g de chutes de saumon fumé*
- *75 g de beurre mou*
- *1 citron*
- *4 branches d'aneth*
- *tabasco*

1. Égouttez le saumon, rincez-le, égouttez-le à nouveau, ôtez la peau et les arêtes. Mettez-le dans une jatte et effeuillez-le à la fourchette.

2. Mettez les chutes de saumon fumé et le beurre dans le bol du robot. Faites fonctionner l'appareil pour obtenir une préparation homogène.

3. Rincez l'aneth et hachez-en 3 branches au-dessus du robot. Pressez le citron. Ajoutez 3 cuillerées à soupe de jus dans le robot ainsi que quelques gouttes de tabasco. Faites à nouveau fonctionner l'appareil.

4. Versez la préparation dans la jatte et mélangez-la avec le saumon, sans trop l'écraser. Goûtez et ajoutez un peu de citron si cela paraît nécessaire. Laissez au moins 2 h au réfrigérateur.

5. Coupez la baguette en rondelles et faites-les griller. Tartinez-les avec la préparation au saumon et rangez-les sur un plat. Garnissez chacune d'un petit brin d'aneth.

CROSTINI AUX ANCHOIS

recette du soleil

Pour 15 crostini
Trempage des anchois : 2 à 3 h
Préparation et cuisson : 15 mn

- *15 petites tranches de pain de campagne de 1,5 cm d'épaisseur*
- *50 g de filets d'anchois au sel*
- *200 g de mozzarella*
- *50 g de beurre mou*
- *1 poivron rouge*
- *2 cuil. à soupe d'huile d'olive*
- *2 ou 3 branches de basilic*
- *1 cuil. à café de jus de citron*
- *poivre*

1. Préparez un beurre d'anchois : faites dessaler les filets d'anchois dans de l'eau froide pendant 2 ou 3 h. Essuyez-les avec du papier absorbant et coupez-les en petits morceaux. Puis, mettez-les dans un mortier et travaillez-les au pilon avec le beurre mou pour réduire le tout en pommade homogène. Ajoutez le jus de citron.

2. Rincez le poivron, retirez le pédoncule et les graines. Coupez la chair en lanières.

3. Coupez la mozzarella en rondelles fines, poivrez-les et passez-les dans l'huile d'olive ainsi que les lanières de poivron. Rincez le basilic et hachez les feuilles.

4. Faites griller le pain. Tartinez les tranches avec le beurre d'anchois et garnissez-les de poivron et de mozzarella. Parsemez de basilic.

VARIANTE

Vous pouvez remplacer le poivron rouge par des tomates séchées à l'huile. Elles sont vendues en bocal, dans les supermarchés.

En haut : campagnettes aux deux saumons.
En bas : crostini aux anchois.

BLINIS MAISON GARNIS

russe

Pour 24 blinis
Préparation : 30 mn
Repos de la pâte : 3 h
Cuisson : 4 mn par blini

Pour la pâte :
- *150 g de farine de blé*
- *100 g de farine de sarrasin*
- *20 g de levure de boulanger*
- *50 cl de lait*
- *2 œufs*
- *2 cuil. à soupe d'huile*
- *1 1/2 cuil. à café de sucre*
- *sel*

Pour la garniture :
- *1 bocal d'œufs de truite de 90 g*
- *125 g de petites crevettes décortiquées*
- *6 cuil. à soupe de mayonnaise légère*
- *1/2 yaourt nature*
- *1 cuil. à soupe de concentré de tomate*
- *1 cuil. à soupe de whisky*
- *2 pincées de piment de Cayenne*

1. Préparez les blinis : faites tiédir 15 cl de lait, émiettez-y la levure et délayez-la.

2. Cassez les œufs en séparant les blancs des jaunes.

3. Crevez les jaunes d'œufs avec une fourchette et mélangez-les doucement.

4. Mélangez dans une terrine les farines, le sucre et 1 pincée de sel. Ajoutez la levure délayée, les jaunes d'œufs, puis le reste du lait par petites quantités à la fois. La pâte doit être épaisse mais fluide. Couvrez la terrine d'un linge et laissez lever la pâte 3 h dans un endroit tiède.

5. Battez alors les blancs d'œufs en neige et incorporez-les à la pâte levée.

6. Faites chauffer une petite poêle de 7 à 8 cm de diamètre. Huilez-la légèrement. Versez 2 cuillerées à soupe de pâte en faisant tourner la poêle en tous sens pour que la pâte se répartisse bien. Laissez cuire de 2 à 3 mn de chaque côté à feu moyen, jusqu'à ce que chaque face soit légèrement dorée.

7. Empilez les blinis au fur et à mesure sur une assiette posée au-dessus d'une casserole d'eau bouillante, en les couvrant d'un linge.

8. Mélangez 2 cuillerées à soupe de mayonnaise avec le yaourt. Recouvrez-en 12 blinis chauds et déposez quelques œufs de truite sur chacun.

9. Mélangez le reste de la mayonnaise avec le whisky, le concentré de tomate et le piment de Cayenne. Recouvrez-en les 12 autres blinis et répartissez les crevettes dessus.

CONSEIL !

**Coupez éventuellement les blinis en deux pour faciliter leur dégustation, et décorez-les.
Si vous n'avez pas de petite poêle, et pour aller plus vite, déposez la pâte par petits tas dans une poêle et étalez-la rapidement avec le dos de la cuillère.
Vous pouvez faire cuire les blinis à l'avance et les faire réchauffer à four doux.**

Ces délicieux blinis peuvent aussi être réalisés avec du caviar lors d'une occasion particulière.

BOUCHÉES AU CRABE

raffiné

Pour 60 bouchées environ
Préparation : 15 mn
Cuisson : 1 h 30
Réfrigération : 24 h

- *4 œufs*
- *1 boîte de miettes de crabe de 121 g poids net égoutté*
- *2 grosses cuil. à soupe de crème fraîche très épaisse*
- *30 grosses olives noires*
- *1 petite boîte de concentré de tomate*
- *2 cuil. à soupe de tapioca express*
- *1 cuil. à café de poivre vert en saumure*
- *1 cuil. à soupe de cognac*
- *quelques gouttes de tabasco*
- *sel*

Pour le moule :
- *10 g de beurre*

1. Préchauffez le four à 160 °C (th. 5). Préparez un bain-marie. Beurrez un petit moule à cake.

2. Égouttez le crabe et retirez soigneusement tous les petits cartilages. Délayez le concentré de tomate avec 10 cl d'eau.

3. Cassez les œufs dans une jatte. Battez-les avec une fourchette. Ajoutez les miettes de crabe, le concentré de tomate délayé, la crème fraîche, le tapioca express, le poivre vert, le cognac, le tabasco et du sel. Mélangez le tout soigneusement.

4. Versez la préparation dans le moule beurré, placez celui-ci dans le bain-marie, en ajoutant un peu d'eau bouillante s'il le faut pour qu'elle arrive à mi-hauteur du moule. Mettez au four et laissez cuire pendant 1 h 30. Le pain de crabe est cuit lorsque les bords commencent à se détacher du récipient et que la surface est bien ferme.

5. Sortez le moule du bain-marie et laissez-le refroidir complètement. Mettez ensuite le moule au réfrigérateur et laissez-le reposer 24 h.

6. Un peu avant de servir, coupez les olives en deux et dénoyautez-les. Démoulez le pain de crabe, coupez-le en tranches d'environ 1 cm d'épaisseur et recoupez-les en quatre. Déposez une demi-olive sur chaque morceau et maintenez-la avec un pique-olives.

TOASTS ZOURAB

pimenté

Pour 16 toasts
Préparation : 10 mn

- *4 petites tranches de pain complet*
- *1 boîte de sardines à l'huile et au citron*
- *1 cuil. à soupe de purée de piment*
- *20 g de beurre*

1. Égouttez les sardines et retirez l'arête centrale.

2. Beurrez les tranches de pain, puis tartinez-les légèrement de purée de piment. Coupez-les en morceaux de 3 cm.

3. Déposez un morceau de sardine sur chaque toast.

CONSEIL !

Ces bouchées sont parfaites pour porter des toasts (cul sec) à la vodka.

En haut : bouchées au crabe.
En bas : toasts Zourab.

MOULES EN SALADE

savoureux

Pour 24 moules
Préparation et cuisson : 20 mn
Réfrigération : 1 h

- *24 grosses moules d'Espagne*
- *2 tomates*
- *1 poivron vert*
- *1 bouquet de ciboulette*
- *2 cuil. à soupe de mayonnaise*
- *1 cuil. à café de pastis*
- *quelques gouttes de tabasco*
- *2 pincées de sucre*
- *sel*

1. Pelez les tomates, pressez-les pour en retirer les graines et l'eau de végétation, hachez-les grossièrement avec un couteau. Salez-les, ajoutez le sucre et laissez-les dans une passoire. Rincez le poivron, retirez-en le pédoncule et les graines, coupez la pulpe en lanières et recoupez celles-ci en très petits morceaux. Hachez la ciboulette avec des ciseaux.

2. Grattez les moules et lavez-les à grande eau. Faites-les ouvrir à feu vif dans une poêle.

3. Mélangez le pastis à la mayonnaise ainsi que le tabasco et 2 cuillerées à soupe du jus des moules. Ajoutez les tomates, le poivron et la ciboulette.

4. Sortez les mollusques de leurs coquilles et mettez-les dans une jatte. Couvrez-les avec le mélange précédent, remuez délicatement et laissez au frais jusqu'au moment de servir.

TARTINES DU GRAND NORD

raffiné

Pour 24 tartines
Préparation et cuisson : 15 mn

- *1 pain de seigle de 340 g coupé en tranches*
- *200 g de saumon cru mariné à l'aneth*
- *150 g de fromage de chèvre frais en pot, non affiné*
- *12 tomates cerises*
- *quelques branches d'aneth*
- *1 cuil. à soupe de crème fraîche liquide*
- *1 cuil. à soupe de jus de citron*
- *1/2 cuil. à café de poivre vert*
- *poivre*

1. Mettez le saumon dans le bol du robot avec le jus de citron, le poivre vert, le fromage et la crème fraîche. Poivrez abondamment et faites fonctionner l'appareil jusqu'à l'obtention d'une pâte homogène.

2. Rincez les tomates cerises, épongez-les et coupez-les en deux.

3. Faites griller le pain. Tartinez-le avec la préparation au saumon. Décorez chaque tranche avec une demi-tomate cerise et un brin d'aneth.

VARIANTE

Vous pouvez remplacer le saumon par de la truite préparée de la même façon.

CONSEIL !

Si vous utilisez du saumon congelé, pensez à le faire décongeler au moins 2 h à l'avance.

En haut : moules en salade.
En bas : tartines du Grand Nord.

BEIGNETS DE MORUE

antillais

Pour 20 beignets environ
Trempage : 12 h
Préparation : 20 mn
Cuisson : 30 mn

- *500 g de filets de morue*
- *60 g de farine*
- *40 cl de lait*
- *2 œufs + 2 blancs*
- *3 branches de persil plat*
- *1 ou 2 petits piments oiseaux secs*
- *2 cuil. à soupe d'huile d'olive*
- *sel*
- *huile de friture*

1. Déposez les filets de morue dans une terrine d'eau froide et laissez-les dessaler pendant 12 h. Renouvelez l'eau trois ou quatre fois.

2. Égouttez la morue, mettez-la dans une casserole, couvrez largement d'eau froide, faites chauffer doucement et laissez cuire à petits frémissements pendant environ 10 mn.

3. Rincez le persil, épongez-le et hachez les feuilles et les tiges.

4. Versez la morue dans une passoire. Coupez-la en morceaux et mettez ceux-ci dans le bol du robot avec l'huile, la farine, le lait, les piments et le persil. Faites fonctionner l'appareil jusqu'à l'obtention d'une pâte homogène et assez consistante.

5. Cassez les œufs en séparant les blancs des jaunes. Ajoutez les jaunes à la pâte, faites fonctionner l'appareil quelques secondes.

CONSEIL !

Vous pouvez préparer la pâte un peu à l'avance, mais n'ajoutez les blancs en neige qu'au moment de la cuisson.

6. Faites chauffer l'huile de friture à 170 °C. Ajoutez 1 pincée de sel aux 4 blancs d'œufs et battez-les en neige ferme. Incorporez-les délicatement à la préparation à base de morue.

7. Prenez la pâte avec une cuillère à café et faites-la tomber dans la friture chaude à l'aide d'une autre cuillère. Procédez par petites quantités pour que les beignets puissent gonfler. Laissez cuire pendant 3 mn environ jusqu'à ce que les beignets aient gonflé et soient bien dorés.

8. Retirez les beignets avec une écumoire et déposez-les sur du papier absorbant. Faites cuire le reste de la pâte de la même façon, en veillant à ce que la température de la friture n'augmente pas. Garnissez un plat d'un napperon en dentelle de papier, empilez les beignets dessus et servez sans attendre.

MAQUEREAUX À LA SCANDINAVE

sucré-salé

Pour 24 bouchées
Préparation et cuisson : 10 mn
Macération : 2 jours

- *4 petits maquereaux très frais, vidés*
- *2 ou 3 branches d'aneth*
- *1 cuil. à café de poivre mignonnette*
- *2 cuil. à soupe de sucre*
- *2 cuil. à soupe de sel fin*

1. Coupez la tête des maquereaux et coupez soigneusement les nageoires. Ouvrez les poissons en deux en les incisant le long de l'arête centrale et ôtez cette arête. Séparez les deux filets. Essuyez-les avec du papier absorbant.

2. Mélangez le sucre, le sel et le poivre. Versez le tiers du mélange dans une terrine ou un plat. Posez dessus 4 filets de maquereau, tête-bêche, côté chair vers vous. Poudrez-les avec le second tiers du mélange et recouvrez-les avec l'aneth. Posez par-dessus les 4 autres filets, côté peau au-dessus. Poudrez du reste du mélange. Couvrez d'aluminium ménager et laissez 2 jours au réfrigérateur. Tournez les filets deux par deux une fois par jour pour qu'ils baignent à tour de rôle dans la saumure qui s'est formée.

3. Pour servir, égouttez les filets, retirez l'aneth, essuyez les filets avec du papier absorbant, coupez-les en quatre et posez-les sur un ravier. Décorez éventuellement avec un brin d'aneth.

CONSEIL !

Ces maquereaux sont particulièrement mis en valeur avec de l'aquavit.

ANCHOIS AUX POIVRONS ROUGES

espagnol

Pour 16 anchois
Préparation : 20 mn
Macération : 2 à 3 h

- *16 anchois frais*
- *4 poivrons rouges*
- *2 gousses d'ail*
- *1 cuil. à soupe de persil plat haché*
- *15 cl de vinaigre de vin*
- *4 cuil. à soupe d'huile d'olive*
- *sel, poivre*

1. Tirez sur la tête des anchois en allant vers la queue du poisson : vous retirez l'arête centrale en même temps, tout en vidant le poisson. Essuyez soigneusement les anchois avec du papier absorbant. Mettez-les dans un plat et couvrez-les de vinaigre. Laissez-les mariner pendant 2 ou 3 h, jusqu'à ce que leur chair blanchisse.

2. Faites griller les poivrons jusqu'à ce que leur peau noircisse. Pelez-les, ôtez le pédoncule et les graines. Coupez-les en quatre.

3. Épluchez l'ail et passez-le au presse-ail. Posez un anchois sur chaque morceau de poivron. Parsemez d'ail et de persil hachés. Roulez-les.

4. Rangez les poivrons farcis dans une terrine, salez et poivrez, puis arrosez avec 2 cuillerées à soupe de vinaigre et l'huile et laissez-les au réfrigérateur. Sortez la terrine 1 h avant de servir.

En haut : maquereaux à la scandinave.
En bas : anchois aux poivrons rouges.

EMPANADILLAS À LA DINDE

espagnol

Pour 30 empanadillas environ
Préparation : 30 mn
Repos de la pâte : 30 mn
Cuisson : 30 mn

Pour la pâte :
- *300 g de farine*
- *25 g de beurre*
- *3 cuil. à soupe d'huile de maïs*
- *1 œuf*
- *sel*

Pour la farce :
- *1 escalope de dinde d'environ 150 g*
- *1 tranche de pain de mie*
- *1 échalote*
- *1 cuil. à soupe de persil haché*
- *1 cuil. à soupe de crème fraîche*
- *1 cuil. à soupe de concentré de tomate*
- *noix muscade*
- *2 cuil. à soupe d'huile d'olive*
- *sel*
- *huile de friture*

1. Préparez la pâte : mettez le beurre, l'huile, du sel et 20 cl d'eau dans une casserole. Faites chauffer doucement jusqu'à ce que le beurre soit fondu. Ajoutez la farine hors du feu, d'un seul coup, mélangez bien. Battez légèrement l'œuf à la fourchette et incorporez-le. Travaillez la pâte quelques minutes avec les mains sur un plan de travail fariné, puis roulez-la en boule et couvrez-la d'un linge. Laissez reposer pendant 30 mn.

2. Préparez la farce : hachez l'escalope de dinde. Pelez l'échalote et hachez-la également. Mélangez le pain avec la crème. Faites chauffer l'huile dans une poêle, faites-y revenir la viande avec l'échalote pendant 2 mn tout en remuant, puis ajoutez le concentré de tomate, le pain, le persil et la noix muscade. Salez légèrement et mélangez bien. Retirez du feu.

3. Étalez la pâte sur 3 mm d'épaisseur et découpez-y 28 disques de 6 à 7 cm de diamètre à l'aide d'un emporte-pièce.

4. Déposez 1 cuillerée à café de farce sur la moitié inférieure de chaque disque et rabattez la pâte dessus. Pincez les bords avec les doigts pour bien les souder.

5. Faites chauffer l'huile de friture à 170 °C. Plongez les empanadillas par petites quantités dans la friture chaude et laissez-les dorer de 3 à 4 mn. Retirez-les avec une écumoire et posez-les sur du papier absorbant.

6. Rangez les empanadillas bien chaudes dans une corbeille tapissée d'une serviette et servez sans attendre.

BOUCHÉES AU CHORIZO GRILLÉ

spécialité espagnole

Pour 20 bouchées environ
Préparation et cuisson : 10 mn

- *1 ficelle*
- *1 chorizo pimenté ou non*

1. Préchauffez le four à 250 °C (th. 9-10). Retirez la peau du chorizo et coupez-le en rondelles.

2. Coupez la ficelle en rondelles peu épaisses. Rangez-les sur la lèchefrite du four, puis déposez 1 rondelle de chorizo sur chacune. Mettez au four et laissez griller quelques minutes jusqu'à ce que le tour des rondelles commence à brunir. Servez sans attendre.

En haut : empanadillas à la dinde.
En bas : bouchées au chorizo grillé.

BOUCHÉES DE DINDE SAUCE ROUGE

haut en couleur

Pour 30 à 40 bouchées

Préparation et cuisson : 25 mn

- *500 g d'escalopes de dinde*
- *4 gousses d'ail*
- *1 échalote*
- *1 cuil. à soupe d'estragon haché*
- *3 pincées de thym*
- *2 pincées de cannelle*
- *2 pincées de noix muscade*
- *1 pincée de girofle en poudre*
- *1 pointe de couteau de pâte de piment*
- *2 cuil. à soupe de concentré de tomate*
- *2 cuil. à soupe de fécule*
- *10 cl de madère*
- *2 cuil. à soupe de cognac*
- *2 cuil. à soupe d'huile d'olive*
- *2 pincées de sucre*
- *sel, poivre*

1. Coupez les escalopes de dinde en bâtonnets d'environ 2,5 cm de long. Assaisonnez-les et roulez-les dans la fécule.

2. Pelez l'ail et passez-le au presse-ail au-dessus du madère. Ajoutez le concentré de tomate, la pâte de piment et le sucre. Pelez et hachez l'échalote.

3. Faites chauffer l'huile dans une sauteuse, saisissez-y la dinde et l'échalote. Ajoutez le thym, la cannelle, le girofle et la noix muscade. Arrosez avec le madère, salez et poivrez, mélangez, réduisez le feu et laissez cuire 5 mn. Ajoutez le cognac et laissez cuire encore 5 mn en remuant souvent. Parsemez d'estragon, mélangez et laissez refroidir.

SAMOSA À L'AGNEAU

indien

Pour 25 à 30 samosa

Préparation et cuisson : 1 h

Repos : 30 mn

- *350 g de pâte feuilletée*
- *500 g d'agneau haché*
- *1 gros oignon haché menu*
- *4 gousses d'ail*
- *2 cuil. à soupe de persil plat*
- *1 petit piment fort*
- *2 cuil. à café de curry*
- *2 cuil. à soupe de jus de citron*
- *2 cuil. à soupe d'huile*
- *sel*
- *huile de friture*

1. Ôtez les graines du piment et hachez-le finement. Faites dorer l'oignon dans une poêle à l'huile chaude. Pelez l'ail et passez-le au presse-ail au-dessus de la poêle. Ajoutez le piment. Laissez cuire 2 mn. Ajoutez la viande et faites revenir le tout pendant 3 mn en remuant. Poudrez de curry, salez, mélangez et versez 10 cl d'eau. Couvrez, réduisez le feu et laissez cuire une vingtaine de minutes jusqu'à ce que toute l'eau soit absorbée. Hors du feu, ajoutez le persil et le jus de citron.

2. Étalez la pâte le plus finement possible sur le plan de travail fariné. Découpez-la en carrés de 7 cm de côté. Déposez un peu de garniture au centre de l'une des moitiés, humectez la pâte restée libre, puis rabattez-la sur la farce, en appuyant fortement avec les doigts tout autour. Laissez reposer 30 mn.

3. Faites chauffer 3 cm d'huile dans une poêle. Déposez-y quelques samosa et laissez-les cuire 2 mn, retournez-les et laissez-les encore 2 mn environ jusqu'à ce qu'ils soient bien dorés. Égouttez-les et déposez-les au fur et à mesure sur du papier absorbant. Continuez la cuisson de la même façon. Servez très chaud.

Au premier plan : samosa à l'agneau. À l'arrière-plan : bouchées de dinde sauce rouge.

KEFTEDAKIA D'ALICE

recette grecque

Pour 15 boulettes environ
Préparation : 20 mn
Repos : 30 mn
Cuisson : 10 mn

- *500 g d'entrecôte sans déchet*
- *1 morceau de pain parisien de 6 cm*
- *1 oignon*
- *3 pincées d'origan*
- *2 cuil. à soupe d'ouzo ou d'alcool anisé*
- *sel, poivre*

1. Coupez la viande en morceaux et passez-la au hachoir, grille moyenne. Faites tremper le pain dans un bol d'eau froide. Pelez l'oignon et hachez-le finement.

2. Mélangez la viande, l'oignon, l'ouzo et l'origan. Salez et poivrez. Retirez grossièrement la croûte du pain et essorez la mie. Ajoutez-la au mélange et malaxez le tout à la main. Laissez reposer 30 mn au réfrigérateur.

3. Façonnez la préparation en petites boules d'à peine 3 cm de diamètre. Placez-les dans un gril double et fermez celui-ci sans trop appuyer. Glissez-le à 12 cm du gril du four et laissez cuire les keftedakia 5 mn de chaque côté. Servez chaud ou froid.

PAVÉS AU FOIE GRAS

raffiné

Pour 16 pavés
Préparation : 30 mn
Repos de la pâte : 1 h 30 + 45 mn
Cuisson : 30 mn

- *200 g de foie gras*
- *175 g de farine*
- *40 g de levure de boulanger fraîche*
- *125 g de beurre mou*
- *4 œufs*
- *100 g de parmesan*
- *10 cl de lait*
- *1 cuil. à café de poivre*
- *1/2 cuil. à café de sel*

Pour la dorure :

- *1 jaune d'œuf*

Pour le moule :

- *10 g de beurre*

1. Faites tiédir le lait. Émiettez la levure dans le lait tiède ; délayez-la et laissez-la travailler pendant 10 mn environ jusqu'à ce qu'elle bouillonne. Mélangez ensuite la farine, le sel, la levure délayée, le beurre coupé en dés et les œufs pour obtenir une pâte plutôt molle. Ajoutez alors le poivre et le parmesan et travaillez bien le tout. Couvrez d'un linge et laissez monter dans un endroit tiède pendant 1 h 30 environ.

2. Lorsque la pâte a doublé de volume, tapotez-la pour la faire retomber. Beurrez un moule carré de 20 cm de côté. Versez-y la pâte, couvrez d'un linge et laissez monter à nouveau, dans un endroit tiède, pendant 45 mn environ.

3. Préchauffez le four à 180 °C (th. 6). Badigeonnez le dessus de la pâte avec le jaune d'œuf délayé dans un peu d'eau, à l'aide d'un pinceau, sans en mettre sur les bords du moule. Mettez le moule dans le four et laissez cuire pendant 30 mn. Décollez le pavé du moule, puis remettez-le dedans et laissez-le refroidir totalement.

4. Coupez le pavé horizontalement, en deux tranches égales. Tartinez la tranche inférieure de foie gras, recouvrez de la seconde tranche en appuyant légèrement.

5. Quelques minutes avant de servir, découpez le pavé en bouchées de 4 à 5 cm de côté, à l'aide d'un couteau-scie.

CONSEIL !

Après avoir garni le pavé, prenez soin de remettre sur le dessus la face la plus dorée.

En haut : keftedakia d'Alice.
En bas : pavés au foie gras.

FICELLE À L'ITALIENNE

convivial

Pour 1 ficelle

Préparation : 20 mn

- *1 ficelle*
- *200 g de tomates cerises*
- *200 g de saucisse sèche*
- *125 g de mozzarella*
- *60 g de beurre mou*
- *3 gousses d'ail*
- *origan*
- *sel, poivre*

1. Préparez un beurre d'ail : mettez-le beurre dans un bol et travaillez-le pour le réduire en pommade. Pelez l'ail, coupez les gousses en deux et ôtez le germe. Pressez les gousses au-dessus du bol. Mélangez soigneusement.

2. Rincez les tomates, essuyez-les et coupez-les en rondelles. Éliminez l'eau et les pépins. Coupez la mozzarella en bandelettes fines. Retirez la peau de la saucisse et coupez-la en rondelles fines. Recoupez celles-ci en deux.

3. Coupez la ficelle en deux. Tartinez chaque moitié avec le beurre d'ail. Coupez la ficelle en tronçons de 5 à 6 cm de long. Recouvrez avec les bandelettes de mozzarella, puis avec les rondelles de tomates en les faisant légèrement chevaucher. Salez, poivrez un peu, parsemez d'origan, puis déposez les rondelles de saucisse dessus.

ALBONDIGAS

spécialité espagnole

Pour 16 à 20 boulettes

Préparation : 30 mn - Cuisson : 1 h

Réfrigération : 30 mn

- *150 g de bifteck haché*
- *150 g d'échine de porc*
- *1 tranche de mie de pain*
- *1 œuf dur*
- *1 gousse d'ail*
- *1 cuil. à soupe de persil haché*
- *3 cuil. à soupe de xérès sec*
- *quelques gouttes de tabasco*
- *2 cuil. à soupe d'huile d'olive*
- *sel, poivre*

Pour la sauce :

- *1/2 boîte de tomates*
- *1 oignon*
- *1 gousse d'ail*
- *1 feuille de laurier*
- *1 branche de thym*
- *1 branche de céleri*
- *1 cuil. à soupe d'huile d'olive*
- *sel, poivre*

1. Hachez le porc. Arrosez la mie de pain avec le xérès. Écalez l'œuf dur et hachez-le avec un couteau. Pelez l'ail et passez-le au presse-ail. Mélangez dans une jatte les viandes hachées, la mie de pain, l'œuf haché, l'ail, le persil et le tabasco. Salez et poivrez. Laissez reposer 30 mn au réfrigérateur.

2. Pendant ce temps, préparez la sauce : pelez l'ail et passez-le au presse-ail. Concassez grossièrement les tomates, en conservant leur jus. Pelez l'oignon et hachez-le finement. Faites chauffer l'huile dans une casserole, faites-y blondir l'oignon, ajoutez l'ail ainsi que les tomates et leur jus, le thym, le laurier et le céleri. Couvrez et laissez cuire 30 mn à feu doux en remuant de temps en temps. Salez et poivrez.

3. Façonnez le hachis de viande en boulettes de la taille d'une petite noix.

4. Faites chauffer l'huile dans une poêle. Faites-y dorer les boulettes à feu vif pendant 3 à 4 mn, en les secouant à plusieurs reprises. Prenez-les avec une écumoire et posez-les dans la sauce tomate puis couvrez et laissez cuire à feu doux pendant 15 mn.

En haut : ficelle à l'italienne.
En bas : albondigas.

ASSORTIMENT DE BANDERILLAS COLORÉES

spécialité espagnole

Pour 15 banderillas de chaque variété
Préparation : 45 mn

Garniture 1
- *15 tomates cerises jaunes*
- *1 poivron rouge*
- *olives vertes farcies aux anchois (env. 50 g)*

Garniture 2
- *2 ou 3 tranches de jambon cru, très fines*
- *1 mangue*
- *1 citron vert*
- *petits oignons à la grecque (env. 60 g)*

Garniture 3
- *1 bocal de mini-pâtissons au vinaigre*
- *1 petit bocal de piments au vinaigre*
- *olives vertes farcies aux anchois (env. 50 g)*

Garniture 4
- *1 bocal d'anchois aux câpres roulés*
- *1 poivron rouge mariné (p. 20)*
- *1 petit morceau de comté*

Garniture 5
- *15 pétoncles décoquillés*
- *1 petit bocal de moules à l'escabèche*
- *olives noires à l'ail (env. 100 g)*

Garniture 6
- *1 poivron vert*
- *1 poivron rouge*
- *petits oignons à la grecque (env. 60 g)*
- *olives farcies au poivron (env. 100 g)*

Garniture 7
- *1 petit bocal de feta (fromage de brebis) à l'huile et aux herbes*
- *15 tranches de coppa corse ou de saucisson au poivre et aux herbes*
- *1 petite boîte d'ananas au sirop léger, en morceaux*

1. Préparez la garniture 1 : rincez les tomates cerises et équeutez-les. Rincez le poivron rouge, retirez le pédoncule, les graines et les filaments blancs, coupez la pulpe en lanières de 1,5 cm, puis recoupez-les pour obtenir des losanges. Garnissez des pique-olives avec une olive aux anchois, un morceau de poivron et une tomate cerise.

2. Préparez la garniture 2 : pelez la mangue et coupez-la chair en dés de 1,5 cm. Coupez le jambon en lanières et enroulez chaque dé de mangue d'une lanière de jambon. Pelez le citron à vif, coupez-le en rondelles, coupez ces rondelles en petits triangles. Garnissez des pique-olives avec un triangle de citron vert, un dé de mangue et un petit oignon à la grecque.

3. Préparez la garniture 3 : égouttez les piments et recoupez-les en carrés de 1 cm. Garnissez des pique-olives avec un mini-pâtisson au vinaigre, un carré de piment et une olive aux anchois.

4. Préparez la garniture 4 : enroulez chaque anchois dans une lamelle de poivron mariné. Coupez des lamelles de comté à la taille des anchois. Piquez deux anchois sur chaque pique-olives en intercalant une lamelle de comté.

5. Préparez la garniture 5 : saisissez les pétoncles 1 mn dans une poêle à revêtement antiadhésif. Égouttez les moules. Dénoyautez les olives noires à l'ail. Embrochez sur chaque pique-olives un pétoncle, une olive noire, une moule à l'escabèche et une olive noire.

6. Préparez la garniture 6 : rincez les poivrons, retirez les pédoncules, les graines et les filaments blancs et coupez la pulpe en petits carrés. Piquez sur chaque pique-olives un morceau de poivron vert, un petit oignon à la grecque, une olive farcie au poivron et un morceau de poivron rouge.

7. Préparez la garniture 7 : égouttez les cubes de feta et l'ananas. Embrochez un cube de fromage, une tranche de coppa roulée et un cube d'ananas sur chaque pique-olives.

8. Rangez les banderillas sur un plat en alternant les couleurs ou piquez-les dans un chou, dans des demi-pamplemousses ou dans un ananas.

Placées côte à côte, les banderillas sont d'abord un régal pour l'œil avant de l'être pour le palais.

DÔMES AUVERGNATS

classique

Pour 24 à 30 dômes
Préparation : 20 mn
Cuisson : 30 mn

- *125 g de farine tamisée*
- *4 œufs*
- *60 g de beurre*
- *25 cl de lait*
- *75 g de saint-nectaire*
- *2 cuil. à soupe de vieux cantal râpé*
- *sel, poivre*

Pour la dorure :
- *1 jaune œuf*

1. Préchauffez le four à 190 °C (th. 6-7). Beurrez une tôle à pâtisserie.

2. Coupez le beurre en morceaux. Mettez-les dans une casserole assez grande avec le lait, 1 cuillerée à café de sel et du poivre. Portez à ébullition.

3. Lorsque le beurre est fondu, retirez la casserole du feu et versez dedans la farine, d'un seul coup. Mélangez rapidement à l'aide d'une spatule en bois. Remettez la casserole sur un feu moyen et remuez vigoureusement avec la spatule, jusqu'à ce que la pâte se prenne en boule.

4. Retirez la casserole du feu et ajoutez 1 œuf, en mélangeant rapidement. Dès qu'il est absorbé par la pâte, ajoutez le deuxième œuf, puis le troisième selon le même processus. Cassez le dernier œuf dans un bol et battez-le à la fourchette. Ajoutez progressivement un peu de cet œuf jusqu'à l'obtention d'une pâte molle ni coulante ni trop ferme.

5. Coupez le saint-nectaire en dés. Ajoutez-en les deux tiers à la pâte ainsi que le cantal. Déposez la pâte en petits tas, sur la tôle beurrée, à l'aide de 2 cuillères à café. Badigeonnez avec le jaune d'œuf délayé avec 1 cuillerée à soupe d'eau et déposez le reste du saint-nectaire sur les dômes. Mettez au four et laissez cuire 20 mn, puis augmentez la température du four à 250 °C (th. 8-9) et laissez encore quelques minutes pour que la croûte des choux durcisse un peu. Servez tiède ou froid.

FOURMETTES AUX PRUNEAUX

sucré-salé

Pour 12 portions
Préparation et cuisson : 10 mn

- *12 tranches de pain aux raisins*
- *100 g de fourme d'Ambert*
- *150 g de pruneaux dénoyautés*
- *40 g de beurre mou*
- *1 cuil. à soupe d'armagnac*

1. Allumez le gril du four. Passez les pruneaux au robot pour les réduire en purée, puis ajoutez-y l'armagnac et le beurre.

2. Tartinez les tranches de pain de crème aux pruneaux, puis déposez une couche de fourme dessus.

3. Glissez les fourmettes sous le gril et laissez fondre le fromage 2 mn. Servez sans attendre.

En haut : dômes auvergnats.
En bas : fourmettes aux pruneaux.

PLAISIR NORMAND

pour amateurs confirmés

Pour environ 10 délices

Préparation et cuisson : 10 mn

- *2 ou 3 tranches épaisses de gros pain de campagne ou de pain Poilâne*
- *1 camembert fait à cœur mais au parfum peu puissant*
- *poivre du moulin*

1. Faites griller légèrement le pain. Coupez les tranches en morceaux de 5 cm de côté. Allumez le gril.

2. Ôtez la croûte du camembert. Recouvrez chaque morceau de pain d'une bonne lamelle de camembert. Poivrez, glissez sous le gril et laissez 2 ou 3 mn, jusqu'à ce que le fromage commence à fondre. Servez sans attendre.

FOURMETTES AUX NOIX

recette du Forez

Pour 12 portions

Préparation : 10 mn

- *12 petites tranches de pain aux noix*
- *100 g de fourme d'Ambert*
- *12 cerneaux de noix*
- *2 cuil. à soupe de raisins secs*
- *40 g de beurre mou*
- *1 cuil. à dessert de cognac*

1. Travaillez le fromage avec le beurre. Ajoutez le cognac.

2. Passez les cerneaux de noix pour les hacher grossièrement, sans les réduire en poudre. Ajoutez les noix hachées au mélange de beurre et de fromage.

3. Faites griller légèrement les tranches de pain. Tartinez-les avec le mélange précédent, déposez-les sur un plat, parsemez de raisins secs et servez.

CHEVRETTES AU THYM

parfum de la garrigue

Pour 24 chevrettes

Préparation et cuisson : 10 mn

- *1 pain aux noix de 340 g coupé en tranches*
- *1 morceau de bûche de chèvre de la longueur du pain (env. 24 cm)*
- *1 douzaine d'olives noires*
- *2 branches de thym*
- *80 g de beurre*
- *2 cuil. à soupe d'huile d'olive*
- *poivre du moulin*

1. Versez l'huile dans un ramequin, émiettez le thym, mélangez-le à l'huile.

2. Grattez légèrement la croûte du fromage, puis coupez-le en rondelles de 4 à 5 mm d'épaisseur.

3. Allumez le gril. Beurrez légèrement une face de chaque tranche de pain, déposez une rondelle de fromage sur chaque tranche, badigeonnez d'huile au thym à l'aide d'un pinceau et poivrez.

4. Posez les tartines sur la lèchefrite du four et glissez-la sous le gril, le plus près possible, jusqu'à ce que le fromage soit juste chaud et commence à fondre.

5. Pendant ce temps, dénoyautez les olives et coupez-les en deux.

6. Déposez une demi-olive sur chaque tartine et servez.

Au premier plan : chevrettes au thym.
Au centre : plaisir normand.
À l'arrière-plan : fourmettes aux noix.

TARTINES RUSTIQUES AU YAOURT

grec

Pour 12 tartines
Préparation : 10 mn
Égouttage : 15 mn
Cuisson : 30 mn

- *12 petites tranches de pain de campagne d'au moins 1 cm d'épaisseur*
- *250 g de yaourt au lait de brebis (2 pots de 125 g)*
- *1 poivron rouge*
- *2 gousses d'ail*
- *1 cuil. à café de jus de citron*
- *5 cuil. à soupe d'huile d'olive*
- *2 pincées de sucre*
- *sel*

1. Glissez le poivron sous le gril du four et faites-le griller de tous côtés jusqu'à ce que la peau brunisse. Laissez-le tiédir, puis pelez-le, ôtez le pédoncule et les graines, taillez la chair en fines lanières et retaillez celles-ci en très petits morceaux. Mettez-les dans une passoire fine, salez-les, poudrez-les de sucre, mélangez et laissez égoutter 15 mn.

2. Versez le yaourt dans une passoire très fine et laissez-le égoutter également.

3. Pelez l'ail, passez-le au presse-ail. Mettez le yaourt dans une jatte. Salez-le légèrement, ajoutez l'ail et le jus de citron. Mélangez, puis ajoutez peu à peu 3 cuillerées à soupe d'huile d'olive en battant avec une fourchette. Incorporez le poivron et gardez au frais jusqu'au moment de servir.

4. Faites griller les tranches de pain, arrosez chacune de quelques gouttes d'huile d'olive, tartinez-les du mélange précédent, rangez-les sur un plat et servez.

CAMPAGNETTES AUX HERBES

très parfumé

Pour 20 à 25 campagnettes
Préparation et cuisson : 15 mn

- *1/2 baguette de campagne*
- *1 pot de fromage de chèvre frais de 150 g*
- *1 gousse d'ail*
- *1 petit bouquet de ciboulette*
- *3 branches d'estragon*
- *2 branches de basilic*
- *5 cuil. à soupe d'huile d'olive*
- *poivre du moulin*

1. Pelez l'ail, retirez-en le germe et passez-le au presse-ail au-dessus d'une jatte. Ajoutez le fromage et 3 cuillerées à soupe d'huile d'olive. Poivrez. Mélangez soigneusement pour obtenir une pâte homogène.

2. Rincez la ciboulette et l'estragon. Effeuillez l'estragon. Hachez finement l'estragon et la ciboulette, puis ajoutez-les au mélange précédent.

3. Coupez la baguette en rondelles pas trop fines. Faites-les griller. Arrosez chaque tranche de quelques gouttes d'huile d'olive et tartinez-les avec la pâte au fromage. Déposez une feuille de basilic au centre de chacune. Rangez-les sur un plat et servez.

En haut : tartines rustiques au yaourt.
En bas : campagnettes aux herbes.

MINIGALETTES AU FROMAGE AUX NOIX

très facile

Pour 12 minigalettes
Préparation : 10 mn
Cuisson : 15 mn

- *50 g de semoule de couscous moyenne*
- *100 g de fromage aux noix*
- *3 cuil. à soupe de parmesan râpé*
- *25 g de beurre*
- *1 œuf*
- *1 cuil. à café de thym émietté*
- *1 cuil. à soupe de farine*
- *sel, poivre*

1. Préchauffez le four à 200 °C (th. 6-7).

2. Faites fondre le beurre dans une petite casserole, ajoutez la farine et mélangez, sans laisser blondir. Arrosez avec 1/8 de litre d'eau en mélangeant sans cesse. Portez à ébullition, salez et poivrez et laissez cuire doucement pendant 1 mn.

3. Versez la semoule en pluie dans la casserole, mélangez, couvrez faites chauffer 2 mn à feu doux, puis retirez du feu et laissez reposer pendant 3 mn.

4. Incorporez le parmesan et l'œuf à la préparation en mélangeant soigneusement. Déposez cette préparation par petits tas sur une plaque à pâtisserie à revêtement anti-adhésif, à l'aide d'une cuillère à dessert. Égalisez chaque tas en l'aplatissant doucement avec le dos de la cuillère trempé dans de l'eau froide.

5. Ôtez la croûte du fromage et coupez-le en lamelles. Couvrez chaque minigalette de lamelles de fromage, puis parsemez-les de thym. Mettez au four et laissez cuire 10 mn. Servez tiède.

CONSEIL !

Vous pouvez remplacer le fromage aux noix par du brie parsemé de noix finement concassées.

BOUCHÉES DES POLDERS

très facile

Pour 18 bouchées
Préparation : 20 mn - Cuisson : 20 mn

- *150 g de mimolette ou de gouda au cumin*
- *1 cuil. à soupe de graines de cumin*
- *1 œuf*
- *60 g de tapioca express*
- *25 g de beurre mou*
- *5 cl de lait*
- *sel, poivre*

1. Battez l'œuf avec le lait. Salez et poivrez. Incorporez le beurre en petits morceaux et le tapioca express. Mélangez jusqu'à ce que la pâte soit homogène. Ajoutez les graines de cumin et laissez reposer 10 mn.

2. Préchauffez le four à 170 °C (th. 6). Coupez la mimolette en dés de 1 cm.

3. Prenez la pâte avec une cuillère à café, façonnez-la en petites boules, enfoncez un dé de mimolette au centre de chacune et refermez-les. Rangez-les sur une plaque en les espaçant légèrement. Mettez au four et laissez cuire 15 mn.

4. Déposez les bouchées sur une grille couverte de papier absorbant et laissez-les refroidir.

Au premier plan : minigalettes au fromage aux noix.
À l'arrière-plan : bouchées des polders.

PETITES CRÊPES FOURRÉES

familial

Pour 15 à 18 crêpes
Égouttage : 30 mn
Préparation : 15 mn
Cuisson : 25 mn

- *200 g de fromage blanc*
- *150 g de cantal de Salers*
- *2 œufs*
- *100 g de farine*
- *sel, poivre*

1. Faites égoutter le fromage blanc dans une passoire tapissée d'une gaze pendant 30 mn au moins.

2. Préchauffez le four à 200 °C (th. 7). Huilez une plaque à pâtisserie.

3. Cassez les œufs en séparant les blancs des jaunes. Mettez les jaunes dans une jatte avec le fromage blanc, la farine, du sel et du poivre. Mélangez avec un fouet à main, sans battre. Ajoutez 1 pincée de sel aux blancs d'œufs et battez-les en neige bien ferme. Incorporez-les délicatement au mélange précédent.

4. Déposez la pâte sur la plaque par demi-cuillerées à soupe, en espaçant les tas qui vont s'étaler à la cuisson. Lissez-les avec le dos d'une fourchette trempée dans de l'eau froide. Mettez au four et laissez cuire 15 mn.

5. Retirez les crêpes de la plaque et laissez-les tiédir. Coupez le cantal en lamelles un peu épaisses. Ouvrez les crêpes en deux dans l'épaisseur et glissez une ou deux lamelles de cantal à l'intérieur.

MADELEINES AU PARMESAN

original

Pour 12 madeleines
Préparation : 15 mn
Cuisson : 12 mn

- *100 g de beurre*
- *100 g de farine*
- *2 œufs*
- *1 cuil. à soupe de moutarde*
- *75 g de parmesan râpé*
- *1 cuil. à café de levure alsacienne*
- *1 cuil. à café de thym émietté*
- *2 pincées de noix muscade*
- *sel, poivre*

1. Préchauffez le four à 200 °C (th. 6-7). Faites fondre 20 g de beurre et beurrez-en soigneusement un moule à madeleines de 12 alvéoles, à l'aide d'un pinceau.

2. Faites fondre le reste du beurre à feu très doux. Versez la farine dans une jatte, ajoutez les œufs et mélangez. Incorporez ensuite la moutarde, le parmesan, puis la levure en la tamisant, le thym et la noix muscade. Salez légèrement et poivrez abondamment. Ajoutez le beurre fondu froid en dernier.

3. À l'aide d'une petite cuillère, déposez la pâte dans les alvéoles. Lissez le dessus de chaque madeleine avec le dos d'une fourchette trempé dans de l'eau froide. Mettez au four et laissez cuire pendant 12 mn.

4. Lorsque les madeleines sont blondes, démoulez-les délicatement et laissez-les refroidir sur une grille.

En haut : petites crêpes fourrées.
En bas : madeleines au parmesan.

PIROJKI AU FROMAGE

russe

Pour 12 à 15 pirojki
Préparation : 1 h
Repos : 1 h + 30 mn
Cuisson : 15 à 20 mn

Pour la pâte :
- *200 g de farine*
- *100 g de beurre*
- *1 œuf*
- *2 pincées de sucre*
- *2 pincées de sel*

Pour la garniture :
- *100 g de gruyère râpé*
- *100 g d'épinards hachés congelés*
- *3 branches d'aneth*
- *1 œuf + 1 jaune*
- *20 g de beurre*
- *noix muscade*
- *sel, poivre*

Pour la dorure :
- *1 jaune d'œuf*

1. Préparez la pâte : mettez la farine dans une jatte, creusez un puits au centre, ajoutez le beurre coupé en petits morceaux, l'œuf, le sucre et le sel. Travaillez le tout du bout des doigts en ajoutant 1 ou 2 cuillerées à soupe d'eau pour obtenir une pâte homogène.

2. Étalez la pâte sur le plan de travail fariné, sur une épaisseur de 2 mm, pliez-la en quatre, étalez-la, puis repliez-la encore en quatre. Laissez-la reposer 1 h à température ambiante.

3. Préparez la garniture : mettez les épinards dans une casserole, faites-les décongeler à feu doux, puis laissez-les sécher jusqu'à ce que toute leur eau soit évaporée. Laissez tiédir.

4. Cassez l'œuf en séparant le blanc du jaune. Hachez l'aneth et ajoutez-le aux épinards froids ainsi que le fromage, les deux jaunes d'œufs et le beurre. Salez et poivrez. Ajoutez 3 pincées de noix muscade.

5. Étalez la pâte et coupez-la en disques d'environ 8 cm de diamètre. Préchauffez le four à 200 °C (th. 6-7). Beurrez une plaque à pâtisserie.

6. Battez le blanc d'œuf en neige ferme et incorporez-le au mélange fromage-épinards. Répartissez la farce obtenue sur la partie inférieure des disques de pâte. Humectez le tour et repliez la pâte sur la farce. Pressez bien tout autour avec les doigts. Déposez les pirojki sur la plaque. Laissez reposer 30 mn.

7. Ajoutez 1 cuillerée à soupe d'eau au jaune d'œuf prévu pour la dorure, battez à la fourchette et badigeonnez le dessus de chaque pirojki à l'aide d'un pinceau. Mettez au four et laissez cuire de 15 à 20 mn.

8. Servez ces pirojki sans attendre ou faites-les réchauffer dans le four à température douce.

VARIANTES

Vous pouvez remplacer les épinards par quelques cuillerées à soupe de chou ou de riz cuits, ou encore de champignons hachés sautés.
Vous pouvez également remplacer le fromage et les épinards par de la viande hachée (agneau ou bœuf) revenue à la poêle.

TRIGONA AU FROMAGE

recette grecque

Pour 15 trigona
Préparation : 20 mn
Repos : 30 mn
Cuisson : 15 mn

- *250 g de pâte feuilletée*
- *150 g de feta (fromage de brebis)*
- *50 g de vieux comté râpé*
- *15 petites crevettes décortiquées*
- *3 branches d'aneth*
- *1 jaune d'œuf*
- *poivre du moulin*

1. Étalez la pâte feuilletée le plus finement possible. Taillez-la en carrés de 6 cm de côté. Délayez le jaune d'œuf avec 1 cuillerée à soupe d'eau. Badigeonnez légèrement la pâte de jaune d'œuf.

2. Émiettez la feta dans un saladier, ajoutez le comté râpé et poivrez largement. Hachez l'aneth avec des ciseaux et ajoutez-le. Mélangez le tout. Déposez un peu de cette farce dans un angle de chaque carré, posez une crevette dessus, repliez la pâte libre par-dessus, en diagonale, pour obtenir des petits triangles.

3. Posez les triangles sur une plaque à pâtisserie, badigeonnez le dessus d'œuf battu et laissez reposer 30 mn.

4. Préchauffez le four à 220 °C (th. 7-8).

5. Mettez la plaque dans le four, abaissez la température à 200 °C (th. 6-7), et laissez cuire 15 mn jusqu'à ce que les triangles soient bien dorés.

SABLÉS AUX DEUX FROMAGES

facile

Pour 40 sablés
Préparation : 30 mn
Repos de la pâte : 45 mn
Cuisson : 15 mn

- *250 g de farine*
- *125 g de comté*
- *125 g de feta*
- *200 g de beurre mou*
- *1 œuf + 1 jaune*
- *1 cuil. à soupe de graines de carvi*
- *1/2 cuil. à café de poivre*

Pour la dorure :
- *1 jaune d'œuf*

1. Râpez le comté et la feta. Mélangez ces fromages avec le beurre mou, l'œuf et le jaune. Tamisez la farine au-dessus de ce mélange, ajoutez le poivre et mélangez rapidement pour amalgamer le tout. Roulez la pâte en boule et laissez-la reposer 45 mn au frais.

2. Préchauffez le four à 160 °C (th. 6). Beurrez une tôle à pâtisserie.

3. Farinez le plan de travail et étalez-y la pâte sur 5 mm d'épaisseur. Découpez-la en disques de 5 cm de diamètre à l'aide d'un emporte-pièce cannelé. Déposez les disques de pâte sur la tôle beurrée.

4. Délayez le jaune d'œuf prévu pour la dorure avec 1 cuillerée à café d'eau. Badigeonnez-en le dessus des sablés avec un pinceau. Parsemez chaque sablé de quelques graines de carvi. Mettez au four et laissez cuire 15 mn.

5. Dès qu'ils sont cuits, sortez les sablés du four et laissez-les refroidir sur une grille.

CONSEIL !

Vous pouvez conserver ces sablés plusieurs jours dans une boîte hermétiquement fermée.

En haut : trigona au fromage.
En bas : sablés aux deux fromages.

TARTINES DE COLLIOURE

pour l'automne

Pour 20 à 24 tartines
Trempage : 2 à 3 h
Préparation et cuisson : 15 mn

- *5 ou 6 grandes tranches de pain de campagne*
- *500 g de figues fraîches*
- *5 filets d'anchois au sel*
- *1 oignon doux*
- *1 gousse d'ail*
- *2 cuil. à soupe d'huile d'olive*

1. Mettez les filets d'anchois dans une jatte d'eau froide et laissez-les tremper 2 à 3 h pour les dessaler.

2. Égouttez les filets d'anchois, rincez-les et essuyez-les avec du papier absorbant. Pelez l'ail, coupez la gousse en deux et retirez le germe. Pressez la gousse au-dessus du bol du robot ménager.

3. Pelez les figues et coupez-les en morceaux. Mettez-les dans le bol du robot avec les anchois. Faites fonctionner l'appareil jusqu'à l'obtention d'une purée homogène.

4. Pelez l'oignon et hachez-le finement. Faites griller le pain. Arrosez chaque tranche de quelques gouttes d'huile d'olive, tartinez-les de l'anchoïade aux figues et parsemez-les d'oignon. Coupez-les en quatre et rangez-les sur un plateau.

CONSEIL !

Les anchois au sel peuvent s'acheter en vrac. On les trouve également aux rayons fraîcheur des supermarchés en petits pots de verre.

FIGUES SÈCHES FARCIES

élémentaire

Pour 12 figues
Préparation : 10 mn

- *4 tranches de jambon cru, pas trop fines*
- *12 figues sèches*
- *100 g de comté*

1. Retirez le pédoncule des figues. Ouvrez les fruits en deux, sans séparer les deux moitiés.

2. Retirez le gras et la couenne du jambon. Coupez les tranches en rectangles d'environ 6 cm de long.

3. Coupez le comté en carrés d'environ 3 cm de côté et de 5 mm d'épaisseur.

4. Enveloppez chaque carré de fromage dans un rectangle de jambon et introduisez-les dans les figues. Refermez celles-ci.

BOUCHÉES AU KIWI

sucré-salé

Pour 16 bouchées
Préparation : 10 mn

- *3 tranches de jambon cru*
- *2 kiwis pas trop mûrs*

1. Pelez les kiwis, coupez-les en quatre et recoupez chaque quartier en deux.

2. Retirez le gras du jambon et coupez chaque tranche en bandes d'environ 3 cm de large sur 7 cm de long.

3. Déposez un morceau de kiwi sur chaque bande de jambon et maintenez le tout avec un pique-olives en le faisant dépasser des deux côtés.

4. Rangez les bouchées sur un plat ou piquez-les sur un demi-pamplemousse ou un pain rond rassis.

CONSEIL !

Veillez à ce que les tranches de jambon ne soient pas épaisses et ne comportent pas de peau du côté opposé au gras.

Au premier plan : tartines de Collioure.
Au centre : bouchées au kiwi.
À l'arrière-plan : figues sèches farcies.

table des recettes

Tapas et bouchées aux légumes	Facilité	Rapidité	Prix	Page
Bouchées de courgettes à la tapenade	facile	25 mn	raisonnable	10
Cerisettes à l'aïoli	facile	40 mn	bon marché	16
Concombre au piment	très facile	10 mn	bon marché	18
Crostini d'été	facile	45 mn	bon marché	14
Croûtes à la compote d'oignons	facile	40 mn	bon marché	12
Madeleines provençales	facile	35 mn	bon marché	12
Pain bûcheron à la crème d'aubergine	facile	45 mn	bon marché	18
Pain de campagne à la tapenade	facile	15 mn	raisonnable	10
Poivrons marinés	facile	30 mn	raisonnable	20
Tomates cerises farcies à la feta	très facile	15 mn	bon marché	20
Tortillas à la crème d'avocat	très facile	20 mn	bon marché	16
Tapas et bouchées au poisson	**Facilité**	**Rapidité**	**Prix**	**Page**
Anchois aux poivrons rouges	facile	20 mn	bon marché	34
Beignets de morue	difficile	50 mn	raisonnable	32
Blinis à la crème d'œufs de cabillaud	facile	10 mn	raisonnable	22
Blinis maison garnis	facile	2 h	cher	26
Bouchées au crabe	facile	1 h 45	bon marché	28
Campagnettes aux deux saumons	facile	10 mn	raisonnable	24
Crostini aux anchois	facile	15 mn	raisonnable	24
Maquereaux à la scandinave	très facile	10 mn	bon marché	34
Moules en salade	facile	20 mn	raisonnable	30
Tartines du Grand Nord	très facile	15 mn	un peu cher	30
Toasts Zourab	très facile	10 mn	bon marché	28
Triangles à la crème de maquereau fumé	très facile	10 mn	raisonnable	22
Tapas et bouchées à la viande	**Facilité**	**Rapidité**	**Prix**	**Page**
Albondigas	facile	1 h 30	raisonnable	42
Bouchées au chorizo grillé	très facile	10 mn	bon marché	36
Bouchées de dinde sauce rouge	facile	25 mn	raisonnable	38
Empanadillas à la dinde	facile	1 h	bon marché	36
Ficelle à l'italienne	très facile	20 mn	raisonnable	42
Keftedakia d'Alice	facile	30 mn	raisonnable	40
Pavés au foie gras	difficile	1 h	un peu cher	40
Samosa à l'agneau	facile	1 h	raisonnable	38

Banderillas	Facilité	Rapidité	Prix	Page
Assortiment de banderillas colorées	très facile	45 mn	raisonnable	44
Tapas et bouchées au fromage	**Facilité**	**Rapidité**	**Prix**	**Page**
Bouchées des polders	très facile	40 mn	bon marché	52
Campagnettes aux herbes	très facile	15 mn	bon marché	50
Chevrettes au thym	facile	10 mn	raisonnable	48
Dômes auvergnats	difficile	50 mn	raisonnable	46
Fourmettes aux noix	très facile	10 mn	raisonnable	48
Fourmettes aux pruneaux	très facile	10 mn	raisonnable	46
Madeleines au parmesan	facile	30 mn	raisonnable	54
Minigalettes au fromage aux noix	très facile	25 mn	bon marché	52
Petites crêpes fourrées	facile	40 mn	bon marché	54
Pirojki au fromage	difficile	1 h 20	raisonnable	56
Plaisir normand	très facile	10 mn	bon marché	48
Sablés aux deux fromages	facile	45 mn	raisonnable	58
Tartines rustiques au yaourt	très facile	40 mn	raisonnable	50
Trigona au fromage	difficile	35 mn	raisonnable	58
Tapas et bouchées aux fruits	**Facilité**	**Rapidité**	**Prix**	**Page**
Bouchées au kiwi	très facile	10 mn	bon marché	60
Figues sèches farcies	très facile	10 mn	raisonnable	60
Tartines de Collioure	facile	15 mn	raisonnable	60

Dans la colonne Rapidité, les temps de préparation et de cuisson sont additionnés.
Les temps de marinade, de réfrigération, de trempage et de repos ne sont pas compris.

Stylisme : Fabienne Cardonne
Secrétariat d'édition : Mireille Touret
Conception graphique : Béatrice Lereclus
Réalisation : Sophie Coquillaud

Dépôt légal : 5147-09-1998
N° d'édition : 43354
ISBN : 2.01.620766.3
62.62.0766.01.6

Impression : G. Canale & C.S.p.A., Turin (Italie).

Cibare · August 2000

PETITS PRATIQUES HACHETTE

100 titres disponibles

cuisine

- Agneau
- Barbecue
- Bœuf
- Brunchs
- Buffets
- Céréales
- Champignons
- Chocolat
- Cocktails
- Confitures, conserves
- Cuisine alsacienne
- Cuisine asiatique
- Cuisine pour bébés
- Cuisine bretonne
- Cuisine chinoise
- Cuisine aux condiments
- Cuisine créole
- Cuisine pour deux
- Cuisine facile
- Cuisine grecque
- Cuisine aux herbes
- Cuisine indienne
- Cuisine italienne
- Cuisine libanaise
- Cuisine marocaine
- Cuisine orientale
- Cuisine pour une personne
- Cuisine provençale
- Cuisine russe
- Cuisine tex-mex
- Cuisine au tofou
- Cuisine végétarienne
- Desserts
- Entrées et hors-d'œuvre
- Fondues
- Fruits exotiques
- Gratins et soufflés
- Le goût en quatre saveurs
- Légumes
- Mets et vins
- Oeufs
- Pâtes
- Pâtisserie
- Petits gâteaux
- Pizzas et tourtes
- Plats mijotés
- Poissons
- Pomme de terre
- Riz
- Salades composées
- Salades variées
- Sauces
- Soupes et potages
- Tartes et gâteaux
- Veau
- Volailles

animaux

- Aquariums
- Aquarium, les plantes
- Boxers
- Canari
- Caniches
- Chats
- Chiens
- Chinchillas
- Cochon d'Inde
- Hamster
- Perruche callopsitte
- Perruches ondulées
- Lapin nain
- Oiseaux du jardin
- Perroquets
- Petits chiens
- Poissons rouges
- Teckels
- Tortues
- Westies
- Yorkshires

jardinage

- Bambous
- Bégonias
- Bonsaî
- Bouquets
- Bouturages
- Cactus
- Fleurs à bulbes
- Géraniums, pélargoniums
- Jardin de mois en mois
- Orchidées
- Palmiers
- Pelouses et gazons
- Plantes aromatiques
- Plantes d'intérieur
- Potager
- Rhododendrons, azalées
- Roses
- Taille

décoration

- Couronnes de fêtes
- Encadrement
- Fleurs séchées
- Rideaux - Coussins

Hachette, côté pratique